AF364779

ASÍ SIENTE FLUFFY

¿Y TÚ?

®GRETE GARRIDO

ESTE LIBRO LLENO DE
EMOCIONES PERTENECE
A ESTA **MARAVILLOSA
PERSONA:**

FLUFFY ES UN PEQUEÑO MONSTRUITO QUE, AL IGUAL QUE TÚ, SIENTE MUCHAS COSAS.

A VECES SIENTE MIEDO, OTRAS CELOS, OTRAS ALEGRÍA... SENTIR ES PARTE DE LA VIDA Y TODAS LAS SENSACIONES SON BUENAS, NORMALES Y BIENVENIDAS.

¿QUIERES VER CÓMO SIENTE FLUFFY? ¡VAMOS A VER SI SENTÍS LOS MISMOS SENTIMIENTOS Y EMOCIONES!

CUANDO FLUFFY MONTA EN BICICLETA
POR PRIMERA VEZ SIENTE...

¿QUÉ LE DIRÍAS A FLUFFY PARA QUE NO
SINTIERA TANTO MIEDO?

¿Y TÚ? ¿CUÁNDO SIENTES MIEDO?

CÓMO ASUSTAR
A LOS NIÑOS

CUANDO FLUFFY LEE UN LIBRO QUE POR MÁS QUE LO INTENTA NO ENTIENDE SIENTE...

FRUSTRACIÓN

¿QUÉ LE DIRÍAS A FLUFFY PARA QUE NO SINTIERA TANTA FRUSTRACIÓN?

¿Y TÚ? ¿CÓMO TE SIENTES CUANDO INTENTAS ALGO Y NO LO CONSIGUES?

FLUFFY ESTÁ ESPERANDO A SU ABUELA
Y CUANDO PIENSA EN ELLA SIENTE...

¿Y TÚ? ¿POR QUÉ PERSONAS SIENTES
AMOR?

¿A QUIÉN TE GUSTARÍA DECIR AHORA
MISMO QUE LE QUIERES?

COLEGI

CUANDO SU TÍO LE DICE QUE IRÁ A BUSCARLE AL COLE PARA LLEVARLE DE PASEO EN COCHE PERO AL FINAL SU TÍO NO VIENE FLUFFY SIENTE...

¿Y TÚ? ¿TE HAS SENTIDO ALGUNA VEZ DECEPCIONADO? ¿CUÁNDO?

¿QUÉ LE DIRÍAS A FLUFFY PARA QUE NO SE SINTIERA TAN DECEPCIONADO?

FLUFFY HA IDO A PATINAR, LE HAN REGALADO UNOS GLOBOS Y SE VA A TOMAR UN HELADO ENORME, FLUFFY SIENTE...

¿Y TÚ? ¿CUÁNDO TE SIENTES AGRADECIDO?

¿A QUIÉN O A QUÉ LE DARÍAS GRACIAS AHORA MISMO? ¿POR QUÉ?

CUANDO PASA LA TARDE VIENDO UN PARTIDO DE FÚTBOL ENTRE HORMIGAS FLUFFY SIENTE...

¿Y TÚ? ¿CUÁNDO TE ABURRES?

ABURRIRSE ESTÁ BIEN PERO ¿QUÉ LE PROPONDRÍAS A FLUFFY PARA DIVERTIRSE?

CUANDO SE SIENTA EN SU SILLÓN
FAVORITO A LEER SU LIBRO PREFERIDO,
FLUFFY SIENTE...

¿Y TÚ? ¿QUÉ HACES PARA SENTIRTE
TRANQUILO?

¿TE SIENTES TRANQUILO AHORA
MISMO? ¿POR QUÉ?

CUANDO SE ENTERA DE QUE UN AMIGO
DEL COLE SE MARCHA A OTRO PAÍS
FLUFFY SE SIENTE...

¿Y TÚ? ¿TE SENTIRÍAS TAMBIÉN TRISTE
EN ESA SITUACIÓN? ¿POR QUÉ?

SENTIRSE TRISTE ES NORMAL PERO ¿QUÉ LE
DIRÍAS A FLUFFY PARA SENTIRSE MEJOR?

CUANDO FLUFFY SE COME EL PASTEL
QUE SU ABUELA HA HECHO PARA SU
HERMANO, AL PRINCIPIO LO DISFRUTA
PERO DESPUÉS SE SIENTE...

¿Y TÚ? ¿CÓMO TE SIENTES CUANDO
HACES ALGO QUE CREES QUE NO ESTÁ
BIEN?

¿QUÉ PODRÍA HACER FLUFFY PARA
SENTIRSE MEJOR?

CUANDO LLEGA LA PRIMAVERA, BRILLA EL SOL Y SU AMIGO PETER VIENE A VERLE, FLUFFY SIENTE...

¿Y TÚ? ¿CUÁNDO TE SIENTES ALEGRE?

¿CUÁNDO FUE LA ÚLTIMA VEZ QUE TE SENTISTE MUY ALEGRE?

ESTA TARDE ES EL CUMPLE DE PEPE EL PEZ ¡Y HABRÁ TARTA! DESDE POR LA MAÑANA FLUFFY YA ESTÁ PREPARADO CON SU CUCHARA Y BABERO PORQUE SE SIENTE...

¿Y TÚ? ¿CUÁNDO TE SIENTES IMPACIENTE?

¿QUÉ MOMENTO ESTÁS DESEANDO QUE LLEGUE? ¿TU CUMPLE? ¿LAS VACACIONES?

CUANDO LLUEVE MUCHOS DÍAS SEGUIDOS, PARECE QUE EL SOL NUNCA VA A VOLVER A SALIR Y NO PUEDE JUGAR FUERA, FLUFFY SE SIENTE...

DESANIMADO

¿QUÉ LE DIRÍAS A FLUFFY PARA QUE NO SE SINTIERA DESANIMADO?

¿Y TÚ? ¿CÓMO TE SIENTES CUANDO ALGO QUE DESEAS PARECE QUE NUNCA VA A LLEGAR?

¡BRAVO!
¡BRAVO!

CUANDO TODOS HABLAN DE LO BIEN QUE HA BAILADO HOY SU HERMANA Y A ÉL NO LE HACEN MUCHO CASO, FLUFFY SIENTE...

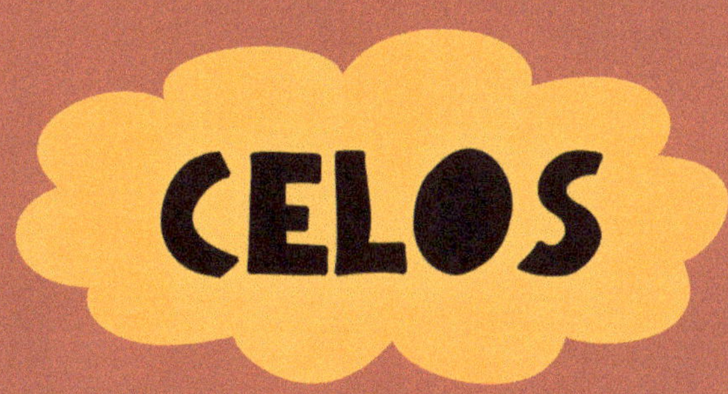

¿Y TÚ? ¿CÓMO TE SENTIRÍAS EN SU LUGAR?

SENTIR CELOS ES NORMAL PERO ¿QUÉ LE DIRÍAS A FLUFFY PARA QUE SE SINTIERA MEJOR?

SU HERMANO PEQUEÑO ES MUY BROMISTA Y LE GUSTA HACER DE RABIAR A FLUFFY, CUANDO LE QUITA EL CARAMELO QUE SE IBA A COMER, FLUFFY SIENTE...

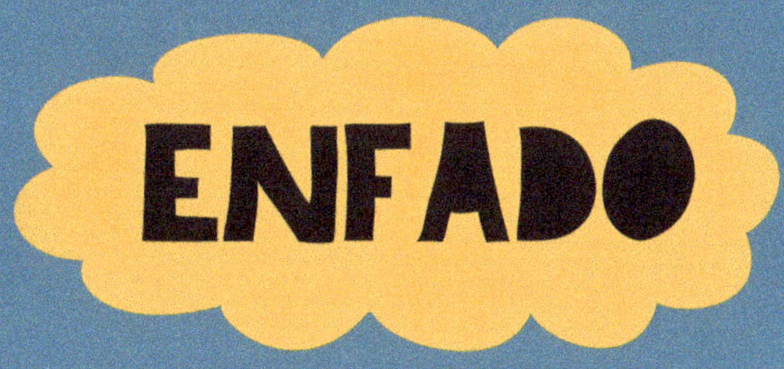

¿Y TÚ? ¿CÓMO TE SENTIRÍAS EN SU LUGAR?

ENFADARSE ES NORMAL PERO ¿QUÉ LE DIRÍAS A FLUFFY PARA QUE NO SE SINTIERA TAN ENFADADO?

CUANDO LLEGA EL PRIMER DÍA DE
COLEGIO, FLUFFY SE SIENTE...

¿Y TÚ? ¿TE SIENTES NERVIOSO EL
PRIMER DÍA DE COLE?

¿QUÉ LE DIRÍAS A FLUFFY PARA QUE
NO ESTUVIERA TAN NERVIOSO?

CUANDO LAS NUBES SE PUSIERON VERDES Y AMARILLAS Y EMPEZARON A CAER GOTAS DE COLORES, FLUFFY SE SINTIÓ...

¿Y TÚ? ¿TE SENTIRÍAS TAMBIÉN SORPRENDIDO? ¿POR QUÉ?

¿CUÁNDO TE SORPRENDISTE POR ÚLTIMA VEZ? ¿QUÉ PASÓ?

¿HAS VISTO CUÁNTOS SENTIMIENTOS Y CUÁNTAS EMOCIONES HAY? ¡Y AÚN HAY MUCHAS MÁS!

TODO LO QUE SIENTES ESTÁ BIEN Y ES NORMAL. ¡DEJA SALIR TUS EMOCIONES!

PUEDES DIBUJARLAS, HABLAR DE ELLAS CON ALGÚN AMIGO, COMPARTIR TU ALEGRÍA O TU ENFADO (¡TE SENTIRÁS MUCHO MEJOR!)…

PERO SOBRE TODO NO OLVIDES QUE
TIENES DERECHO A SENTIRTE COMO
QUIERAS.

NO HAY EMOCIONES BUENAS NI MALAS,
TODAS SON NECESARIAS ¡LO ÚNICO
MALO ES NO DEJARLAS SALIR!
ASÍ QUE...

¡EXPRÉSATE!